BIBLIA DEL FOREX

# *BIBBIA*
## *DEL*
# *FOREX*

BIBBIA DEL FOREX

BIBBIA DEL FOREX

## CONTENUTI

**Capitolo 1: Di cosa tratta il mercato azionario**

**Capitolo 2: Tendenze del mercato azionario**

**Capitolo 3: Introduzione al Forex**

**Capitolo 4: Comprensione della conversione di valuta**

**Capitolo 5: Comprensione delle statistiche**

**Capitolo 6: Volatilità valutaria e aspettative del mercato**

**Capitolo 7: Aspetti commerciali**

**Capitolo 8: Gestione dei rischi**

**Capitolo 9: Parole d'ordine**

**Capitolo 10: Opzioni di trading per esperti**

**Capitolo 11: Altre opzioni di trading**

**Capitolo 12: In revisione**

**Capitolo 13: Un'opzione finale**

BIBBIA DEL FOREX

# Capitolo 1: Di cosa tratta il mercato azionario

In qualsiasi attività commerciale redditizia, preparazione e conoscenza preliminare sono le chiavi del successo. Senza questo tipo di conoscenza, cercare di prendere una proficua decisione finanziaria può solo finire in un disastro e in un fallimento, indipendentemente dal livello di motivazione e determinazione o dalla quantità di denaro che prevedi di investire.

Nel mercato azionario, questa regola si applica all'ennesima potenza, dal momento che stai investendo i tuoi soldi in quella che potrebbe essere considerata una scommessa ad alto rischio e stai giocando con il fuoco se non hai almeno una comprensione generale di come funziona. Poiché avere esperienza in qualsiasi area è utile per guidarti lungo un percorso in quella particolare regione, più forte è la tua base di conoscenza degli investimenti, maggiore è la probabilità che tu possa beneficiare di qualsiasi tentativo di operare nel mercato aperto.

In molti modi, il trading sul mercato azionario può essere paragonato alla guida: non è necessario essere un esperto per guidare un'auto, anche se è prevista una conoscenza preliminare delle leggi di base sul traffico, tra cui violazioni del traffico, norme di sicurezza e altri reati legali sui veicoli, appresi attraverso studi e corsi specifici o anche attraverso una qualche forma di semplice esposizione (come gli anni trascorsi in sella con i tuoi genitori e altri che hanno guidato per anni). Dovresti essere in grado di comprendere gli strumenti di base utilizzati per navigare in un'auto (dove il pedale del freno si trova davanti all'acceleratore e come utilizzare lo specchietto retrovisore, ad esempio), anche se non hai mai toccato un volante.

Lo stesso vale quando si entra nel mondo del mercato azionario. Sebbene non sia necessario conoscere tutta la terminologia (all'inizio non si venderanno o determineranno le proprie posizioni lunghe e corte, quindi non è necessario comprendere appieno questi riferimenti, anche se si dovrebbe essere consapevoli di essi), si dovrebbe certamente essere ben versati nella funzionalità di base di trading di azioni, obbligazioni, e altre materie prime. E proprio come qualcuno al volante di un'auto che si prepara a premere il pedale del gas per la prima volta, è necessario iniziare con cautela e lavorare lentamente. Un guidatore per la prima volta posizionerà gli specchi a suo piacimento, quindi avvierà l'auto, cercherà il traffico che interferisce e rilascerà il pedale dell'acceleratore, non calpestarlo mai e testerà il motore quando esce dalla porta al primo tentativo. Allo stesso modo, quando selezioni il tuo primo investimento, dovresti scegliere qualcosa di stabile con poche fluttuazioni e non investire una grande somma di denaro in questa prima società.

Quando una persona sta imparando a guidare, sarà accompagnata da un'altra persona con più esperienza che li aiuterà a prendere decisioni di guida migliori e offrirà correzioni che li aiuteranno a imparare a guidare l'auto in modo più efficiente. Nel mercato azionario, ci sono agenti di cambio e altri esperti che possono fornirti informazioni e consigli per aiutarti a sviluppare la tua conoscenza delle materie prime a cui sei interessato, essenzialmente "guidandoti" verso migliori decisioni di acquisto e vendita nel mercato azionario dei valori.

Potresti passare ore e ore a ricercare il mercato azionario e le sue funzionalità, imparando a essere coinvolto nel trading e a chi contattare per entrare nel gioco, soprattutto se il tuo interesse è nel mercato dei cambi, che va ben oltre il livello di complicazione del mercato azionario nazionale. Tuttavia, in questo libro troverai tutte le informazioni di base necessarie per iniziare sulla strada del successo aziendale. Tutto il lavoro e la ricerca sono stati fatti per te, raccogliendo i dati e le conoscenze in un'unica fonte da cui puoi ottenere informazioni sufficienti per renderti un operatore di successo nel mercato aperto. Tutto quello che devi fare è leggere per acquisire conoscenza e saggezza, passo dopo passo ti porterà ad un livello di successo inebriante. In questo ebook troverai tutte le informazioni utili, tutte raccolte in un'unica fonte per un facile riferimento.

**Come funziona l'investimento**

Ogni volta che hai intenzione di mettere i tuoi soldi in un fondo, è una buona idea iniziare capendo cosa stai acquistando. Il mercato azionario è un'entità complicata e fare affari minimi nel settore richiede una discreta quantità di conoscenze di base, nonché la comprensione e l'accettazione del fattore di rischio elevato. Quanto più sai in anticipo sulla funzionalità del sistema, tanto meno è probabile che tu ne sia affetto, il che si tradurrà in una perdita devastante.

Innanzitutto, e probabilmente la cosa più importante nel settore del trading, devi capire quali sono le azioni. Quando acquisti o vendi azioni sul mercato aperto, devi essere consapevole che hai a che fare con oggetti reali, non con pezzi di carta; stai acquistando e vendendo parti effettive di una determinata azienda, il suo prodotto o qualche altro prodotto di base.

Possedere una "quota" significa che hai effettivamente acquistato la società o il prodotto in questione e sei diventato un proprietario parziale di quella merce. Certo, potresti essere uno dei milioni di azionisti, dal momento che la maggior parte delle aziende e dei prodotti sono divisi in piccoli pezzi, ma sei ancora considerato un investitore in quella società o prodotto fino a quando non vendi le tue azioni.

Pensalo come se stessi pagando un serbatoio di benzina nell'auto che i tuoi genitori ti hanno comprato per guidare. Potresti anche aver acquistato il filtro dell'olio che è stato messo in macchina e potresti pensare che questo investimento ti renda un comproprietario. Tuttavia, se guardiamo al costo totale dell'auto, abbiamo davvero contribuito molto poco a tale importo. Ma, finché si continua a investire nella benzina dell'auto e si prendono cura delle esigenze di manutenzione, è possibile richiedere la proprietà parziale dell'auto.

Poiché il valore di un'azienda e dei suoi prodotti o servizi può variare continuamente, il valore delle azioni che possiedi non sarà lo stesso giorno per giorno e talvolta può anche cambiare ogni ora. Quando il prezzo delle azioni scende ed è considerato basso, è il momento ideale per acquistare. Questo è il modo meno costoso per iniziare la tua attività di trading e lavorare con un agente di borsa ti consentirà di saperne di più su quali titoli sono maturi per l'acquisto in qualsiasi momento.

In tal modo, diventi un azionista e il valore delle tue proprietà varierà di giorno in giorno. La tua scommessa (e la speranza!) è che il valore dell'azienda o del prodotto in cui hai investito aumenterà o rimbalzerà dal prezzo basso al quale hai effettuato l'acquisto. Questo è l'obiettivo di tutti i trader e significa che le loro azioni saranno più preziose.

All'aumentare del valore dei tuoi titoli, aumenta anche il tuo patrimonio netto. Quando il prezzo delle azioni in tuo possesso raggiunge un punto più alto, è tempo di vendere, realizzando un profitto sul tuo investimento originale. Idealmente, venderai sempre le tue azioni a un prezzo ragionevolmente superiore all'importo di acquisto e non dovresti mai vendere quando il valore attuale delle azioni è inferiore al prezzo di acquisto iniziale. È importante assicurarsi di non subire intenzionalmente una perdita netta, poiché ci sono molte volte in cui si può essere costretti a subire una perdita.

Ad esempio, se acquisti azioni di una società per venti dollari ciascuna, non dovresti mai venderle per diciotto dollari ciascuna. Se possibile, vuoi aspettare fino a quando ognuno di essi vale forse quaranta dollari, essenzialmente raddoppiando i tuoi soldi. Naturalmente, questo è solo un esempio, e non tutti gli stock raddoppieranno in valore, ma l'illustrazione è significativa.

Esistono altri modi più complessi per investire nel mercato azionario. Tuttavia, proprio come imparare ad andare in bicicletta, non vuoi fare il tuo primo tentativo senza allenare le ruote.

## Prendere decisioni all'inizio

Torniamo alla guida per riferimento. Quando inizi a guidare per la prima volta, non salirai sulla strada e salirai in macchina a una velocità compresa tra sessanta e settanta miglia orarie. Invece, rimarrai in aree residenziali o almeno sulla strada di accesso, dove c'è meno pressione per mantenere una velocità così elevata. Nel mercato azionario, ti consigliamo di stare lontano da azioni costose o investimenti estremamente volatili fino a quando non ti senti molto a tuo agio con il processo di negoziazione.

Ci sono piccole opportunità di investimento chiamate "penny stock" che ti aiuteranno a mettere alla prova le tue gambe e capire come funziona il mercato azionario prima di investire ingenti somme di denaro e rischiare una grande perdita finanziaria. Questi titoli particolari costano letteralmente centesimi o piccoli importi in dollari e di solito fluttuano solo in frazioni di centesimo in un dato giorno, rendendoli estremamente sicuri per coloro che hanno appena iniziato.

Una volta padroneggiato e in grado di giudicare meglio le tendenze del mercato, puoi spostarti comodamente nelle aree più difficili e avventurose del mercato. È come rimuovere le ruote di allenamento dalla bici o colpire l'autostrada senza pedaggio per la prima volta in un momento della giornata in cui non c'è traffico da affrontare.

Tieni presente che proprio come puoi cadere una o due volte dalla bici e finire con qualche graffio e livido, puoi perdere denaro su un investimento qua e là. Questo è molto tipico e investire nel mercato azionario è molto simile al gioco d'azzardo. Nel poker, non puoi aspettarti di vincere ogni carta, e lo stesso vale nel mondo degli investimenti. Imparare a osservare le tendenze del mercato, tuttavia, è simile all'osservazione di altre auto mentre si entra nel traffico e si determina la velocità e la vicinanza corrette ad altre auto per una sicurezza ottimale. Questo studio diligente può aiutarti a migliorare notevolmente le tue statistiche in pochissimo tempo.

# Capitolo 2: Tendenze del mercato azionario

Comprendere le tendenze del mercato azionario può rendere molto più facile il tuo lavoro nel fare soldi sul mercato. Al contrario, se si sa poco o nulla di queste tendenze, può causare gravi perdite.

**Tori e Orsi**

Man mano che approfondisci il mercato e scopri di più su come funziona, inizierai a sentire alcuni termini sulle tendenze del marketing che sembrano ripetersi più e più volte. Le tendenze del mercato sono variabili e volatili, sia quotidianamente che per lunghi periodi di tempo. In passato, ad esempio, gli Stati Uniti hanno avuto devastanti crolli del mercato azionario, ma a causa della libertà di una società capitalista, l'economia americana è sempre rimbalzata.

Che cosa significa per il mercato o per un determinato titolo recuperare? Supponendo che il valore di una società o delle sue azioni sia precipitato a un livello che sembra irrecuperabile, rendendolo praticamente inutile, può sembrare che quella società sia in pericolo di fallimento e cada completamente fuori dalla portata dei mercati del libero scambio. All'improvviso, tuttavia, il fondatore di quella società potrebbe introdurre un nuovo prodotto che fa impazzire i consumatori. Tutti ne vogliono uno e questo prodotto potrebbe essere in esaurimento al momento dell'introduzione, scatenando una corsa agli scaffali dei grandi magazzini.

Quando ciò accade, la legge della domanda e dell'offerta prenderà il sopravvento, rendendo di nuovo preziosa l'azienda. Il prezzo delle azioni di quella società rimbalzerà e il conseguente guadagno in valore verrebbe considerato un rimbalzo - un ritorno allo stato originale (o migliore) prima della perdita devastante.

Le tendenze del mercato aumentano o diminuiscono e ci sono riferimenti specifici a forti cambiamenti nei valori di mercato che è possibile ascoltare frequentemente. Se diverse aree del mercato sono in netto declino, con valori che calano rapidamente (forse anche il dieci o il venti percento in pochi giorni), viene chiamato mercato ribassista. Potresti ricordare questo riferimento come se fossi nella posizione estremamente pericolosa di essere inseguito da un orso - se sei in possesso di varie azioni o altri beni che valgono una buona somma, hai una seria possibilità di perdere una grande quantità di valore che potrebbe traduci in una perdita di patrimonio netto se decidi di vendere, e può essere una situazione simile, molto pericolosa.

In questi casi, la soluzione migliore è vendere prima che i prezzi scendano al di sotto del loro prezzo di acquisto originale o detenere azioni fino al rimborso del mercato. Tuttavia, quando il mercato degli orsi raggiunge un punto basso, potrebbe essere il momento ideale per entrare in gioco, poiché i prezzi raramente scendono al di sotto di questo punto. Quindi, se attendi pazientemente il recupero o il rimbalzo dal mercato, puoi guadagnare molti soldi da un mercato orso. Queste opzioni saranno discusse ulteriormente nei capitoli successivi.

Allo stesso tempo, un mercato rialzista è una forte tendenza generale al rialzo per molti titoli. Può essere paragonato alla corsa dei tori a Pamplona, in Spagna, ogni anno. Sei più sicuro se sei al chiuso quando si verifica la gara e, per lo stesso motivo, se detieni azioni durante un mercato rialzista, sei in una posizione privilegiata per aumentare il tuo patrimonio netto e vendere le tue azioni, guadagnando una grande quantità di denaro.

Questa è un'altra idea che verrà esplorata in maggior dettaglio più avanti in questo ebook.

**Prospettive di mercato**

Prendendo atto dei vari cambiamenti nello stato delle diverse opzioni su azioni disponibili, imparerai a individuare le prime tendenze del mercato, dandoti un indizio sul futuro di un determinato prodotto e ciò non può che aumentare le tue possibilità di efficacia dei costi. La previsione è una parte importante del gioco quando si lavora nel mercato azionario, in quanto non si può mai essere completamente sicuri in quale direzione si sposterà il mercato in un dato momento.

Tuttavia, puoi fare un'ipotesi istruita, proprio come un meteorologo prevede il tempo. Mentre lui o lei ha sbagliato il 100% delle volte, la previsione è generalmente abbastanza vicina al risultato meteorologico reale perché il meteorologo è uno scienziato che ha studiato le tendenze meteorologiche e può scegliere i dettagli che aiutano a indovinare quell'istruzione. Con un po'di tempo ed esperienza, puoi raggiungere lo stesso livello di esperienza e intuizione nel mercato azionario.

Una volta che ti senti più a tuo agio a operare nello stesso mondo degli agenti di borsa e dei day trader e ti senti sicuro (o almeno nervoso o a disagio) nel prendere decisioni finanziarie così importanti, puoi decidere di spostarti verso il mercato di valuta estera (più comunemente noto come Forex) e l'obiettivo di questo libro è di prepararti ad operare entro i limiti di questa entità più complessa. Di seguito, discuteremo alcune delle proprietà Forex e quanto sia complessa questa entità di trading può essere confrontata con un mercato nazionale standard.

Il mercato dei cambi è incredibilmente volatile e ci sono molti più fattori da considerare quando si effettua un ordine in questo mercato che in un mercato interno. Il prossimo capitolo è un'introduzione al mondo emozionante e un po'spaventoso del mercato valutario o Forex.

# Capitolo 3: Introduzione al Forex

Forex è il soprannome per il mercato valutario. Negli Stati Uniti, ci sono diverse filiali del mercato azionario, ognuna con il proprio nome. Ad esempio, alcuni titoli sono quotati sul Dow Jones, altri sul Nasdaq. Naturalmente, tutte le transazioni azionarie negli Stati Uniti hanno luogo alla Borsa di New York (NYSE). La stessa cosa accade in altri paesi. Potrebbero esserci uno o più mercati diversi.

Tuttavia, il commercio internazionale si svolge nel mercato chiamato mercato valutario o Forex. Vari paesi in tutto il mondo in quasi tutti i fusi orari partecipano al trading Forex, con l'utilizzo di valute multiple e azioni e materie prime di tutti i paesi partecipanti che offrono scambi. Poiché ci sono così tante nazioni e fusi orari coinvolti, il Forex non funziona come un'entità "business day" come la maggior parte dei mercati azionari nazionali. Rimane aperto al commercio 24 ore al giorno, 5 giorni alla settimana.

Naturalmente, queste ore aggiuntive aumentano notevolmente il fattore di rischio per quelli di noi che sono umani e ovviamente non possono monitorare i nostri investimenti 24 ore al giorno. Ciò significa che il valore delle tue proprietà potrebbe precipitare dall'oggi al domani, mentre dormi, perché altri paesi operano ancora mentre sei in un mondo da sogno. Ancora una volta, è come un'auto: ci sono molte parti mobili sotto il cofano, e solo perché non possono essere viste non significa che non funzionano.

Questo è uno dei motivi per cui ci sono diverse opzioni di sicurezza, come gli ordini limite, di cui parleremo più avanti. Questo è anche il motivo per cui si raccomanda vivamente che i primi tentativi di fare soldi nel mercato azionario non siano transazioni che si svolgono nel mercato dei cambi, ma in un normale mercato nazionale da nove a cinque. Nell'analogia della nostra auto, questo sarebbe paragonabile a chiedere a qualcuno che non ha mai guidato o addirittura cambiato l'olio in un'auto di ricostruire il motore.

**Funzionalità Forex**

Sebbene la funzionalità del Forex sia la stessa di quella di una borsa nazionale, le materie prime e i prezzi sono più volatili e ci sono altri fattori da considerare oltre ai rischi tipici associati a un mercato nazionale. Dovrai occuparti non solo del valore delle tue azioni e della tua valuta, ma anche delle valute straniere coinvolte in qualsiasi scambio o scambio di Forex, nonché delle incoerenze nei valori di determinati beni e servizi oltre i confini internazionali. È come guidare un'auto con una trasmissione standard anziché automatica. Sul fronte interno, il lavoro è svolto principalmente per te e tutto ciò che devi fare è navigare, come una trasmissione automatica. Tuttavia, cambiare marcia è molto simile a dover impegnarsi costantemente nella conversione di valuta. Può distrarre e certamente complica l'atto di guida.

Poiché la situazione finanziaria di molti paesi non è così sicura come quella degli Stati Uniti, ciò può rappresentare un formidabile problema nel determinare dove investire il proprio denaro e cosa aspettarsi nel mercato internazionale. Sapere quali paesi e valute sono coinvolti nel Forex può aiutarti aiutandoti a monitorare più da vicino la situazione finanziaria nelle nazioni con cui interagirai.

## La storia del Forex

Quando iniziò il commercio estero, non era un mercato commerciale internazionale. Ciò deriva dall'accordo di Bretton Woods del 1944, che stabiliva che le valute estere sarebbero state impostate contro il dollaro, che era valutato a $ 35 per oncia d'oro. Questo precedente fu implementato per la prima volta nel 1967, quando una banca di Chicago si rifiutò di finanziare un prestito a un insegnante in sterline. Naturalmente, la sua intenzione era quella di vendere la valuta, che riteneva fosse un prezzo troppo alto rispetto al dollaro, e quindi acquistarla di nuovo quando il valore era sceso, ottenendo un rapido profitto.

Dopo il 1971, quando il dollaro non era più convertibile in oro e il mercato interno era più forte, l'accordo di Bretton Woods fu abbandonato e il processo di conversione delle valute divenne più variabile. Ciò ha consentito un maggiore supporto nei mercati esteri e gli Stati Uniti e l'Europa hanno avviato forti relazioni commerciali. Negli anni '80, le ore di mercato e l'utilizzo si sono ampliati attraverso l'uso di computer e tecnologia per includere anche i fusi orari asiatici. A quel tempo, le valute ammontavano a circa $ 70 miliardi al giorno. Oggi, circa venti anni dopo, il livello degli scambi è salito alle stelle, con scambi equivalenti a circa $ 1,5 trilioni al giorno.

Inizialmente, il trading su linee internazionali era più difficile, con diverse valute diverse coinvolte in tutta Europa. Sebbene i principali attori del mercato europeo fossero profondamente coinvolti e veterani del commercio internazionale al momento dell'adesione di altri mercati, c'erano più valute da tenere traccia - il franco, la sterlina, la lira e molte altre - rispetto a che era ragionevole. Con la nascita dell'Unione europea nel 1992, furono gettate le basi per creare una moneta unica da utilizzare nella maggior parte dell'Europa, e l'euro fu finalmente istituito e messo in circolazione nel 1999.

**Forex oggi**

Sebbene alcuni paesi non abbiano ancora accettato la propria valuta (come la Gran Bretagna, che utilizza ancora la sterlina inglese), il processo di conversione della valuta è stato semplificato senza il gran numero di diverse valute precedentemente discusse. Invece di dozzine di valute, i principali paesi scambiano in cinque: dollari USA, dollari australiani, sterline inglesi, euro e yen giapponese.

Oggi il mercato valutario è internazionale e globale. Il mercato è aperto 24 ore al giorno, 5 giorni alla settimana, per accogliere tutti i principali fusi orari dei giocatori. Questi includono ora gran parte dell'Europa, degli Stati Uniti e dei mercati asiatici, in particolare il Giappone. Anche l'Australia si è unita ai mercati del commercio internazionale e poiché tali nazioni sono dall'altra parte del mondo rispetto ad alcuni degli altri principali attori, i fusi orari devono ovviamente essere presi in considerazione.

Un'altra preoccupazione completamente separata ma forse più importante con il trading Forex è capire come funziona il trading multi-valuta. Come si può confrontare il valore di un'azione su linee internazionali se i valori sono espressi in due valute separate e non equivalenti? E come vengono misurati gli utili e le perdite quando il tasso di conversione cambia costantemente?

# Capitolo 4: Comprensione della conversione di valuta

Quando inizi a fare trading nel Forex, devi imparare a convertire le valute e notare la differenza di valori, nonché il modo in cui le valute vengono scambiate tra le linee internazionali. Ciò significa studiare non solo le tendenze del mercato interno e dei valori in valuta, ma anche le tendenze nei mercati esteri.

**Lavorare con più valute**

Dato che il Forex è il mercato dei cambi, ovviamente non ci si può aspettare che tutti sul mercato scambino in dollari USA (e perché no, potresti chiedertelo, ma ricorda che non tutti bramano il dollaro USA). Con così tante variabili e valute volatili scambiate,

come puoi dire un buon acquisto o una vendita quando ne vedi una senza conoscere appieno il valore della valuta estera?

Il primo passo è trovare una fonte che ti dia un'idea di base del tasso di cambio attuale tra la tua valuta nazionale e la valuta estera in questione.

Dovresti farlo come un elenco di base per qualsiasi valuta con cui potresti essere coinvolto. Naturalmente, questo non sarà coerente fino al centesimo o alla frazione di una determinata valuta per un intero giorno lavorativo, ma almeno avrà il suo punto di partenza da cui iniziare, quasi come il Nord su una bussola. Queste fonti possono essere trovate su Internet, nonché attraverso molti broker, sia online che di persona.

## Espressione di valuta

È anche utile comprendere i mezzi con cui viene espressa la conversione di valuta. Il confronto viene generalmente effettuato con un rapporto noto come cross rate. In questa configurazione, le due valute sono elencate in un rapporto XXX / AAAA, con la posizione XXX denominata valuta di base. La valuta di base è generalmente espressa come numero intero, mentre la posizione AAA è espressa come decimale che si avvicina maggiormente al tasso di cambio della valuta di base. È come fare riferimento a miglia per gallone o rotazioni al minuto in un'auto - un confronto diretto tra l'uno e l'altro in forma di relazione.

La frazione più piccola, o decimale, in cui è possibile scambiare una moneta, è chiamata pip, e questo è generalmente il grado in cui viene espresso un tasso incrociato. Ad esempio, se la sterlina britannica può essere scambiata in millesimi, la valuta verrà espressa al terzo decimale. Il dollaro USA è spesso espresso alla centesima parte di un centesimo (il quarto decimale).

In un esempio di espressione cross-rate, un dollaro USA può equivalere a 117.456 yen giapponesi. Questo rapporto sarebbe espresso in 1.000 / 117.456. La valuta di base è quasi sempre espressa come una singola unità (come in un dollaro contro dieci dollari), e spesso tale unità di misura è il dollaro USA. Poiché il valore intero del numero (o la cifra grande, come viene chiamata) della valuta secondaria, o la valuta nella posizione AAA in termini di conversione cambia così raramente, solo la parte decimale del numero è spesso menzionata nel mercato valutario.

Pertanto, nel rapporto sopra, potresti sentire lo scambio di yen a 0,456, per non parlare del totale di 117 yen mostrato nel rapporto. Questo perché il tasso di cambio può variare da 117.456 a 117.423, ma non 119.024. Sperimentare una variazione del numero elevato - il numero intero prima del decimale - a meno che non sia solo perché il numero era già entro pochi millesimi, rappresenterebbe una variazione di valore troppo grande per un singolo periodo di negoziazione e sarebbe un evento raro che potrebbe indurre l'intero mercato a fare un drastico cambiamento in una direzione o nell'altra.

Le valute più comuni trovate nel Forex sono il dollaro USA, la sterlina britannica, l'euro, lo yen giapponese e il dollaro australiano. In passato, ci sarebbero state molte più valute da tenere traccia (come il franco, la lira o il segno tedesco). Tuttavia, con il consolidamento della maggior parte del mercato europeo che opera nel Forex verso l'euro, molte valute sono state eliminate, rendendo meno complicato il trading sul Forex per altre terre.

Se acquisti una merce in una determinata valuta e il valore di quella valuta scende contro il dollaro USA, puoi effettivamente guadagnare vendendo la stessa merce in dollari. Lo stesso vale al contrario se il valore di una valuta estera aumenta rispetto al dollaro USA. Naturalmente, puoi sfruttare questa situazione solo se la materia prima viene scambiata in entrambe le valute e in entrambi i mercati in questione. Discuteremo questo processo, così come altri modi per trarre vantaggio dal mercato dei cambi (come l'arbitraggio) in modo più approfondito nei capitoli futuri.

Una volta che sarai in grado di discernere un valore di base per ciascuna valuta particolare e il suo tasso di conversione rispetto ad altre valute negoziate sul Forex, sarai in grado di monitorare più da vicino il cambiamento nella conversione di valuta, inclusa la sua incoerenza e volatilità. Tali idee non sembreranno così "strane" e sarai consapevole e ben informato insieme ai professionisti. Quindi dovrai imparare a leggere, comprendere e infine interpretare ulteriori tendenze del mercato.

## Tendenza Forex

Seguire i grafici, ascoltare i consigli degli analisti di mercato e dei grafici e imparare a fare previsioni informate ti aiuterà a tenere traccia delle varie tendenze di marketing. Il prossimo capitolo spiegherà di più sull'utilizzo delle statistiche rilasciate per prevedere la prossima mossa nel mercato azionario. Sarà una giornata limpida e calma con poca attività o sta arrivando una tempesta con venti di cambiamento e incertezza? Come puoi sapere cosa accadrà alle tue proprietà il giorno successivo o anche dopo?

Semplicemente imparare a leggere le tendenze del mercato può rimuovere molta apprensione naturale e incertezza per i trader principianti. In effetti, a volte il primo passo migliore per entrare nel mercato è guardare i programmi al riguardo o leggere le sezioni finanziarie del giornale che descrivono in dettaglio tendenze e risultati attesi. Il prossimo capitolo spiegherà di più su come interpretare le statistiche e le tendenze di base.

# Capitolo 5: Comprensione delle statistiche

Ora hai acquisito familiarità con il funzionamento del mercato azionario e hai compreso fino a un certo punto ciò che è coinvolto nella negoziazione nel mercato dei cambi. Ora, vorresti sapere come misurare le tendenze del mercato al fine di beneficiare della tua attività nel mercato aperto. Non stiamo più parlando di titoli in penny o di giochi per parchi giochi. Vuoi i beni reali.

Il nome del gioco è statistiche e la prima regola è che devi essere consapevole che non esiste una cosa sicura in borsa. Anche se non puoi mai essere sicuro al 100% in un dato momento della prossima mossa da fare nel mercato nel suo insieme, essere in grado di leggere le statistiche e interpretarle ti metterà davanti al pacchetto quando si tratta di "indovinare" cosa accadrà poi.

Investire è molto simile al gioco d'azzardo. Se riesci a tenere traccia delle carte che sono già state giocate, sarai più statisticamente informato su ciò che probabilmente verrà trattato in seguito, il che significa che puoi istigare con più intuizioni di qualcuno che non ha idea di cosa è già stato giocato. Con il mercato aperto, se si dispone di informazioni su ciò che è già accaduto negli ultimi giorni, mesi o persino anni, si è di nuovo in una posizione migliore per concludere in modo più logico cosa accadrà dopo. Semplicemente impari il modello e lo segui fino alla fine, raccogliendo i premi finanziari.

**Grafica e grafici**

Aspetta, pensavi che avresti dovuto cercare e tracciare il passato del mercato da solo? Ovviamente no! Ci sono persone che vengono pagate per fare quel tipo di lavoro.

Monitorano il mercato per ora, giorno, settimana, mese e anno in modo da poter fornire ai grandi operatori le stesse conoscenze sopra menzionate. Più una società di investimento conosce il mercato, più denaro può guadagnare. Lo stesso vale per gli agenti di cambio. Guadagnano quando guadagni e vogliono fare il meglio che possono per prendere decisioni intelligenti.

La parte migliore di questo è che hai accesso alle stesse informazioni di questi client VIP. I grafici, che sono essenzialmente analisti di mercato che pubblicano le loro scoperte in grafici di facile lettura, producono ciò che è noto come grafico a candele. Questi grafici sono fondamentalmente una combinazione di un grafico a linee e un grafico a barre che mostrano l'andamento di vari titoli, indici o altri interessi in un determinato periodo di tempo. Pertanto, è possibile determinare facilmente se la merce è in rialzo o in recessione, quando si è verificato l'ultimo importante cambiamento e per quanto tempo si prevede che le azioni o le obbligazioni continuino sul percorso corrente.

Puoi effettivamente trovare informazioni sulla maggior parte delle materie prime e sulle loro tendenze del mercato per anni in passato, e alcune anche dalla loro introduzione sul mercato aperto. L'uso di queste informazioni può aiutarti a decidere se è una buona idea acquistare o vendere le azioni o i titoli a cui sei interessato o se è meglio attendere un picco nell'andamento del mercato.

## Comprendi le tendenze del mercato

È comprensibile che, al variare delle economie, il valore di merci diverse possa cambiare. Questo perché, quando un'economia è forte e fiorente, una nazione è più ricca e ha più potere d'acquisto. Insieme a quel potere arriva un valore più elevato per gli oggetti acquistati. In altre parole, se le persone hanno più soldi da spendere e stanno spendendo più di quei soldi nei negozi Walmart, il valore delle azioni di Walmart si moltiplicherà a un ritmo considerevole. Pertanto, gli azionisti diventano più ricchi in termini di attività, semplicemente perché gli acquirenti guidano il mercato con il loro potere d'acquisto. Quando gli azionisti sono ricchi e il valore delle loro proprietà aumenta, continuano ad acquistare azioni, che, ancora una volta, guidano l'economia. Una forte tendenza rialzista nel mercato azionario è un segnale eccellente per qualsiasi economia.

Tuttavia, ci sono anche cose che influenzano il mercato in modo negativo, facendo precipitare il valore delle azioni. Ad esempio, la guerra raramente ha un effetto positivo sul mercato azionario. L'11 settembre 2001, quando i terroristi hanno attaccato il World Trade Center di New York City, l'economia degli Stati Uniti è crollata tremendamente e la nazione è stata minacciata dalla depressione. Alcuni analisti erano sicuri che non si sarebbe mai ripreso correttamente. Lo stesso accade in genere ogni volta che c'è un attacco o un atto di guerra all'interno di una nazione. Tuttavia, i critici si sono dimostrati sbagliati e gli Stati Uniti hanno continuato a rimbalzare, o riprendersi da una brutta tendenza al ribasso, in modo forte. Questa rapida ripresa è dovuta principalmente alla continua pressione e spesa da parte del popolo degli Stati Uniti, costringendo il denaro e la ricchezza a tornare nell'economia. Osservando la reazione del mercato azionario, puoi imparare a leggere le tendenze in base agli eventi mondiali.

Anche i prezzi del petrolio influiscono comunemente sul mercato azionario. Soprattutto nel mercato forex, scoprirai che le tendenze variano a seconda di molti eventi attuali. Noterai inoltre che, nel tempo, il valore principale (o valore nominale) di una valuta può essere deliberatamente rivisto da una nazione in termini di conversione di valuta. Questa è nota come svalutazione, che sarà discussa in maggior dettaglio nel prossimo capitolo.

# Capitolo 6: Volatilità valutaria e aspettative del mercato

La volatilità, o la tendenza fluttuante che può influenzare i tuoi guadagni nel mercato azionario, è tipica in un mercato domestico, ma ancora più evidente e molto più forte nel mercato valutario. Quali fattori influenzano il valore della valuta nel Forex e c'è un modo per controllarlo?

**Svalutazione e rivalutazione**

Come menzionato nel capitolo precedente, la svalutazione si riferisce alla diminuzione intenzionale del valore di una valuta rispetto ad altre valute, come addebitata da un'entità governativa. Ad esempio, se il dollaro USA vale dieci unità di una valuta estera che viene poi svalutato del dieci percento, il dollaro USA ora equivale solo a nove unità della valuta estera. Ciò rende qualsiasi oggetto acquistato in valuta estera più costoso per coloro che commerciano in dollari USA, poiché il tasso di cambio è più basso. Inoltre, rende gli oggetti all'estero meno costosi da scambiare in dollari USA.

Può verificarsi anche una variazione opposta del valore, aumentando il valore della valuta estera. Questo si chiama rivalutazione. Mentre può sembrare che l'adeguamento intenzionale del valore in valuta di una nazione stia "ingannando", o traendo un vantaggio ingiusto rendendo i prodotti stranieri più economici da acquistare e aumentando il valore delle esportazioni, esistono normative per impedire la manipolazione dei tassi di cambio per tali scopi. La lettera del FMI (Fondo monetario internazionale) aiuta a vietare tali eventi e applicare la politica.

Esistono modi per sfruttare la svalutazione e la rivalutazione, che verranno discussi più avanti. Tuttavia, cosa succede quando il valore di una valuta estera cambia a causa delle fluttuazioni del mercato piuttosto che di riduzioni o aumenti intenzionali di un governo federale o di una banca federale? Che effetto hanno l'apprezzamento e l'ammortamento sul mercato azionario?

**Apprezzamento e deprezzamento**

L'ammortamento può essere facilmente correlato alla vita di un'auto. Non appena si guida una nuova auto fuori dal lotto, il valore diminuisce di quasi la metà. Questo è un deprezzamento estremo. Tuttavia, nei prossimi anni, l'auto continua a perdere valore a un ritmo più graduale. Anche questo è considerato ammortamento.

L'apprezzamento e l'ammortamento della valuta sono variazioni del valore della valuta che sono guidate dalle forze di mercato e non dal mandato del governo. Ad esempio, nel tentativo di rimborsare determinati prestiti, nel 1998 la Banca centrale russa ha annunciato la prossima svalutazione del rublo. Il tasso di cambio, che attualmente è di sei rubli per dollaro USA, cambierebbe in un periodo di tempo a 9,5 rubli per dollaro, con un deprezzamento del 34%.

Tuttavia, prima del cambiamento, nell'ex nazione comunista c'era un panico diffuso, e il valore del rublo diminuì quando molte persone in Russia scelsero di scambiare i loro titoli prima della scadenza. In un solo giorno, a seguito dell'annuncio, il rublo russo si è deprezzato di un sorprendente 25%.

Lo stesso tipo di crisi si verificò negli anni '20 con il crollo del mercato azionario americano. A quel tempo, fu preso dal panico in tutto il paese e la gente si precipitò verso le banche per prelevare denaro che non era disponibile o per negoziare titoli e stock option che non erano scaduti. Correndo verso la banca, le persone hanno causato l'incidente invece di scappare.

Sul rovescio della medaglia, un apprezzamento troppo rapido crea un paese per l'inflazione o un aumento del valore al dettaglio dei prodotti venduti al pubblico in base alla valutazione della valuta. Mentre è vero che l'inflazione si verificherà, può essere minimizzata senza problemi attraverso l'uso della valutazione valutaria.

L'apprezzamento può anche essere correlato a un veicolo. Agli uomini spesso piace prendere vecchie macchine e riportarle alla loro bellezza originale. In questo modo, aumentano notevolmente il valore del veicolo o lo apprezzano.

I tassi di conversione delle valute in continua evoluzione e la volatilità del mercato creano un rischio di mercato intrinseco o un potenziale quotidiano di subire perdite a causa delle fluttuazioni dei prezzi delle azioni. Non esiste alcun modo per diversificare questo tipo di rischio, poiché influirà sempre sull'investimento in una certa misura. Tuttavia, alcuni rischi possono essere compensati da particolari tipi di investimenti o forme di investimento più sicuri o più protetti.

Daremo un'occhiata a posizioni lunghe e corte, vendite allo scoperto, ordini di arresto e altri modi per proteggere i tuoi investimenti da perdite drastiche in capitoli aggiuntivi. Queste opzioni includono la possibilità di preimpostare il prezzo di acquisto o di vendita di un prodotto specifico, nonché l'uso di più livelli preimpostati per effettuare ordini e completare transazioni.

Naturalmente, non farti ingannare nel pensare che puoi sbarazzarti di tutti i possibili fattori di rischio sul mercato. C'è sempre una nuvola sospesa sopra la tua testa in attesa di esplodere, e tutto ciò che serve è un piccolo colpo. Fai sempre attenzione, anche se l'idea di giocare in borsa comporta un pericolo intrinseco ed eccitazione. Il prossimo capitolo ti aiuterà a capire la realtà e ciò che comporta per bilanciare il tuo fattore di rischio con una base di realtà; il tuo ego con la tua identità.

# Capitolo 7: Aspetti commerciali

Ora sei esperto nella funzionalità del mercato azionario e hai deciso di accettare i fattori di rischio coinvolti. Tuttavia, vuoi sapere il più possibile su come bilanciare tale rischio con opzioni di investimento intelligenti. Come puoi essere sicuro che i rischi che assumi hanno più probabilità di essere gratificanti a lungo termine che distruttivi?

**Lungo e corto**

Una delle parti più importanti del fare soldi nel mercato azionario è determinare la tua posizione. La posizione lunga è fondamentalmente la posizione di acquisto - stai per assumere un impegno a lungo termine per la proprietà di alcune azioni,

azioni o altri prodotti negoziati. La posizione corta, d'altra parte, è la posizione di vendita - presto avrai lo stesso tipo di proprietà e qualsiasi responsabilità nei suoi confronti.

Il momento migliore per assumere la posizione lunga è quando i prezzi delle azioni sono bassi. Ciò ti consentirà di entrare nel mercato a un prezzo ragionevole e di aumentare le tue possibilità di redditività con l'aumento dei prezzi delle nuove offerte e il rimbalzo o il rimbalzo delle opzioni di investimento precedenti. Infatti, poiché gli altri prendono la posizione lunga e acquistano contemporaneamente a te, questo aumenterà il valore delle scorte attraverso la regola standard della domanda e dell'offerta, causando l'inizio di quello che potrebbe essere un mercato in rialzo.

Puoi equiparare questo a far quadrare i conti in un concessionario di automobili. I prezzi tendono a scendere su qualsiasi auto rimasta nel lotto in vendita e il rivenditore è più spesso disposto a negoziare perché desidera meno inventario sul lotto. Allo stesso modo, quando i prezzi delle azioni sono bassi, alcuni vanno fuori di testa e abbandonano tutte le loro proprietà a questi prezzi bassi, pensando che le loro azioni non riacquisteranno mai il loro valore. Questo potrebbe essere solo di aiuto per te.

Quando i prezzi sono alti, è probabilmente il momento di girarsi e vendere le proprie azioni a scopo di lucro, senza perdere nulla per guadagni non realizzati (guadagni che non possono essere conteggiati in attività liquide o in contanti perché sono ancora investiti in un stock option volatile). Non si dovrebbe mai vendere a un prezzo inferiore ai costi, in quanto ciò comporta un patrimonio netto negativo e una perdita di fondi. Dovresti sempre vendere per tutti gli utili che ritieni sicuri.

In altre parole, se acquisti un titolo a $ 15 per azione, e arriva rapidamente a $ 25 per azione, potresti benissimo pensare di poter vincere $ 30 per azione in una settimana. Tuttavia, è necessario determinare se si è disposti a rischiare di perdere i guadagni già assicurati di $ 10 per azione di aspettare così a lungo, nel caso in cui il prezzo scenda effettivamente, quindi è possibile decidere di vendere al prezzo elevato corrente.

## Market maker e vendita di pantaloncini

Che cosa succede se il valore dello stock sale in modo incredibilmente alto, ma non sei entrato in quel particolare prodotto e non possiedi alcun stock? Il tuo primo passo dovrebbe essere visitare un market maker o fare un accordo con un broker per una vendita allo scoperto. Un market maker è letteralmente un agente di cambio che acquista tiene a portata di mano un certo numero di titoli di vari titoli, che vengono acquistati in un periodo in cui i tassi di mercato sono bassi.

La società andrà quindi in giro e venderà quelle azioni a un individuo a quel prezzo basso, indipendentemente dal tasso di mercato, creando di fatto il proprio mercato (da cui il nome). La persona che acquista dall'azienda può immediatamente vendere i prodotti di base sul mercato aperto a un tasso di interesse più elevato, consentendogli di ottenere una quantità incredibile di benefici in un breve periodo di tempo.

Una vendita allo scoperto è un'altra opzione per un rapido profitto. In questo scenario, un determinato numero di azioni verrà preso in prestito da un broker per vendere quando il valore di mercato è elevato. Il tuo compito è aspettare che il prezzo delle azioni scenda, acquistare lo stesso numero di azioni e restituire le azioni al broker, mantenendo i proventi della vendita, al netto delle commissioni del broker.

Il modo in cui un concessionario di automobili lavora con gli swap è molto simile. Compreranno l'auto a un prezzo molto basso, quindi si gireranno e la venderanno sul lotto per un alto margine di profitto.

Uno degli aspetti più positivi di una vendita allo scoperto è che non si prende mai la proprietà delle azioni, il che significa che non si è mai in grado di perdere denaro. Dato che hai venduto azioni a un prezzo elevato, hai già beneficiato e, nel peggiore dei casi, le azioni in particolare non diminuiranno di prezzo. Invece di restituire le azioni al broker da cui le hai prese in prestito, puoi semplicemente restituire l'importo per il quale sono state originariamente acquistate, insieme al premio.

Come puoi essere sicuro di non superare le migliori opzioni di prezzo o perdere una buona tariffa perché non sei disponibile per effettuare un ordine di acquisto o vendita con il tuo broker? C'è un modo per porre limiti alle tue operazioni? Di seguito, esamineremo i modi per proteggere i tuoi investimenti e limitare i tuoi fattori di rischio.

# Capitolo 8: Gestione dei rischi

Uno degli aspetti più importanti della protezione dei tuoi investimenti è il bilanciamento dei rischi con le garanzie. Esistono diversi modi per farlo e ne discuteremo in questo capitolo.

**Ordini limite e bilanciamento del rischio**

Un ordine limitato è un importo permanente per il quale hai accettato di acquistare o vendere un determinato titolo o altra merce. Ad esempio, hai designato il tuo broker per non vendere X Security fino a quando il suo valore non raggiunge un valore minimo di Y dollari. Allo stesso tempo, non acquisterai lo stesso valore da X Security se supera un valore di Z. L'impostazione dei limiti sul prezzo da pagare per un determinato titolo, nonché sul prezzo che accetterai di venderlo, protegge te e il tuo investimento in vari modi.

Prima di tutto, stai massimizzando i tuoi profitti, ma soprattutto stai evitando le perdite. Qualsiasi perdita che si verifica con ordini a prezzo limitato sarà sempre una perdita non realizzata o una perdita che non può essere misurata in attività liquide o liquidità. In altre parole, fino a quando non venderai le azioni e raccoglierai la perdita netta, ciò non influirà sul tuo patrimonio netto. Poiché hai impostato un limite che non consente alle tue materie prime di vendere a un costo inferiore al costo originale, non puoi avere una perdita nel tuo patrimonio netto. Allo stesso tempo, stai anche assicurando almeno un certo importo di profitto impostando il tuo punto vendita abbastanza alto da ottenere quel particolare profitto.

Un altro modo per proteggere i tuoi beni è la copertura. Ciò significa che crei e vendi un contratto futures che stabilisce che quando le tue azioni raggiungeranno un certo valore in futuro, venderai le tue azioni a questo prezzo prestabilito. Quando viene raggiunto quel prezzo, l'ordine verrà elaborato e la transazione sarà completata. Naturalmente, se dovessi mai cambiare idea su un limite che hai impostato, puoi effettuare un ordine di stop con il tuo broker, il che designa che non vuoi più scambiare l'importo in dollari specificato.

Puoi anche acquistare a margine. Questo è molto simile alla vendita allo scoperto, ma invece di prendere in prestito azioni per venderle, essenzialmente stai prendendo in prestito denaro per acquistare azioni da solo quando il valore di mercato è basso. Quindi, quando il valore dei titoli acquistati aumenta e puoi vendere per un profitto, paghi il prestito e mantieni la vendita in eccesso, meno la commissione dell'intermediario.

Naturalmente, tutti i contratti con un agente di borsa comportano un premio o una commissione per i servizi resi ed è quasi impossibile operare senza un agente di borsa o un servizio di agente di borsa. Tuttavia, i servizi online sono spesso meno costosi degli agenti attivi, ma puoi fare le tue ricerche per determinare l'opzione migliore.

**Come posso utilizzare una sega a martello?**

No, non intendiamo nulla nel garage, nella camera da letto o in una band di musica country. Una sega a percussione è una tendenza del mercato che sfida le probabilità. Puoi pensarlo come "shock shock". Nonostante quanto stai attento quando impari a guidare un'auto e a coordinarti, a volte non puoi fare nulla per evitare di essere colpito da dietro.

Whipsaw è un termine per ciò che accade quando tutto punta in una direzione specifica nella tendenza del mercato, facendoti comprare (se sembra che i prezzi stiano per aumentare) o vendere (se sembra che stiano per cadere), allora succede l'effetto opposto.

Ad esempio, se acquisti un titolo a $ 5 un'azione perché il titolo sembra essere caduto il più lontano possibile e sembra iniziare una tendenza al rialzo, quindi inaspettatamente il titolo precipita a un dollaro per azione, questo è considerato un martello ha visto l'effetto. Se questo ti accade, come sicuramente succederà se giochi al mercato abbastanza a lungo, la cosa migliore da fare è aspettare. L'azione farà una delle due cose: o dissolversi completamente, e la società presenterà bancarotta (questo è ciò che non vuoi che accada), o recuperi, e puoi scegliere di aspettare la possibilità di realizzare un profitto o puoi uscire non appena viene raggiunta la tariffa di acquisto.

Le seghe a martello non sono la fine del mondo e nessuno può sperare di vincere con ogni acquisto in borsa. Tuttavia, se scopri di essere coinvolto in molti di questi casi, dovresti riconsiderare seriamente le tue opzioni di investimento. È possibile che tu stia leggendo i segni in modo errato o potresti scegliere azioni sbagliate. Prima di acquistare più azioni o titoli, dovresti chiedere consiglio per eventuali investimenti futuri che speri di fare.

Un altro modo per annullare un investimento negativo come questo è quello di procedere con una transazione di compensazione - un acquisto o una vendita che compensa la perdita di una transazione precedente. Potresti acquistare ulteriori azioni nella stessa società al prezzo più basso se prevedi che si riprenda, oppure puoi scegliere un'altra merce calda che sta per esplodere nel prezzo, una delle quali contribuirà a compensare la tua perdita. Puoi anche vendere azioni di un titolo in cui hai una grande quantità di guadagni non realizzati - guadagni che non possono essere misurati in attività liquide o in contanti a causa dell'aumento del valore delle azioni e delle disponibilità in titoli - al fine di sostituire il valore in denaro perso.

Queste sono tutte opzioni praticabili per recuperare una perdita, ma l'attesa per il recupero del valore dello stock è sempre la prima opzione. Evita la perdita di fondi già investiti, mantiene la possibilità di ottenere benefici e riduce il rischio di nuovi investimenti nel mercato.

Man mano che cresci e impari a conoscere queste varie opzioni, dovrai sentirti più a tuo agio quando circondato da guru finanziari che parlano ciò che suona come parole incomprensibili e mormoranti che non hai mai sentito a destra e a sinistra. Il prossimo capitolo ti guiderà attraverso alcuni dei significati delle principali parole d'ordine usate in borsa e nel distretto finanziario internazionale.

 BIBBIA DEL FOREX

# Capitolo 9: Parole d'ordine

Ora che conosci un po'di più sul mercato azionario e hai deciso di provare a investire, dovresti essere più interessato a capire il gergo che sentirai nella stanza di trading. Anche se probabilmente non ti ritroverai nel mezzo di un gruppo di agenti di borsa che urla a Wall Street (e in questi giorni, la maggior parte del trading viene comunque eseguita al computer), sapere che imparare a parlare fa parte del camminare sul strada.

**Margini, creme e altri condimenti**

Va bene, sono margini, non margarine, ma sembra molto simile. Per capire il mercato azionario, specialmente nel Forex, devi parlare non una lingua destinata alla comunicazione comune, ma la lingua del commercio. Ad esempio, quando si pensa a un margine, per molti questo significa una variabile, come il "margine di errore" di una statistica.

Tuttavia, nel trading, si riferisce alla somma di denaro presa in prestito da un broker per acquistare azioni quando il mercato è in calo. Quindi, quando il titolo inizia il suo prossimo aumento, vendi il titolo al prezzo più alto, restituisci il margine (insieme al premio accumulato) e mantieni il profitto.

Quando acquisti a margine, il denaro preso in prestito dal broker viene chiamato conto a margine. Il conto del margine è provvisorio in base al valore delle azioni. Occasionalmente, se il valore delle azioni acquistate scende troppo in basso per il margine stabilito dal broker, l'agente richiederà di depositare più denaro sul conto del margine per compensare la perdita. Questo si chiama aggiustamento del margine.

In alcune operazioni, il valore di mercato non entra in gioco. Ad esempio, viene stabilita una transazione a termine tra due persone o due società al di fuori del mercato aperto. Implica un processo di negoziazione e un eventuale impegno sui prezzi. Tipicamente, viene fatta un'offerta - l'offerta per acquistare una merce a un prezzo specificato - e un prezzo di vendita o un'offerta - il prezzo al quale l'altra entità commerciale è disposta a vendere i titoli o altre partecipazioni. La differenza tra questi due numeri di acquisto si chiama spread.

Se lo spread non può essere ridotto e infine chiuso, non è possibile raggiungere un accordo. Questo prezzo concordato è chiamato prezzo a termine e tutti i dettagli coinvolti nel processo commerciale quando si verifica questo tipo di transazione sono dettagliati in un contratto e sono chiamati punti forward. Di solito il prezzo a termine è indicato come disponibile per una determinata data e se la transazione non viene completata entro tale data (indicata come data della transazione), le negoziazioni devono essere rinegoziate.

Intermediari britannici, cantieri navali e altri termini

Uno dei principali mercati esteri che gli americani che commerciano in Forex troveranno è quello degli inglesi. Mentre altri termini relativi al mercato azionario saranno simili a causa del linguaggio comune, ci sono alcuni termini specifici che sono molto diversi nel vocabolario commerciale britannico.

Ad esempio, negli Stati Uniti, gli agenti di borsa che detengono titoli acquistati a prezzi bassi allo scopo di venderli a clienti in un mercato a prezzo più elevato (in modo che il cliente possa voltarsi e rivenderli per profitto sul mercato aperto) sono chiamati market maker. Tuttavia, in Gran Bretagna, questo tipo di investitore viene semplicemente chiamato "jobber".

Un altro termine con cui vorrai familiarizzare è "cortile". Questo non si riferisce a una macchia verde di sporcizia, una misura in pollici o addirittura 36 di qualcosa. Il termine viene utilizzato in riferimento alla quantità di valuta anziché al suo valore ed equivale a un milione di unità della valuta in questione. In altre parole, puoi avere un iarda di dollari o un iarda di yen e sebbene sia lo stesso numero di banconote, monete o qualsiasi altra valuta fisica utilizzata, non è necessariamente equivalente in valore.

In Gran Bretagna, non usano l'euro e non usano il dollaro USA. Hanno deciso di continuare a utilizzare la sterlina inglese, una valuta che è stata utilizzata nel paese per centinaia di anni. Tuttavia, la Gran Bretagna è attualmente sulla buona strada per la conversione in euro entro i prossimi cinque anni.

## Apri e chiudi

Nel mercato azionario, ci sono diversi tipi di ordini che possono essere effettuati per proteggerti da un cattivo investimento o per limitare l'importo da pagare per un determinato valore o altra merce. Ad esempio, se hai effettuato un investimento negativo e non desideri reinvestire in un determinato titolo, devi vendere tutte le quote di quel titolo, indipendentemente dal fatto che tu abbia subito una piccola perdita. Questa azione è nota come chiusura di una posizione. Al contrario, se il tuo investimento va bene, potresti partecipare a un rollover, semplicemente reinvestendo i guadagni in azioni o titoli aggiuntivi.

Un ordine aperto è esattamente ciò che sembra, il che significa che l'ordine rimane in sospeso fino a quando non viene eseguito dal tuo broker o annullato da te come cliente. Un ordine di sospensione annullerebbe tutti gli ordini in sospeso che hai effettuato con il tuo broker. Hai anche opzioni come Annulla altri ordini. Questi ti consentedi avere un interesse in varie materie prime, lasciando gli ordini al tuo broker per acquistarli tutti, nel caso in cui cadano a un certo prezzo. Quindi, se uno di loro raggiunge questo prezzo basso preimpostato, il tuo broker seguirà il tuo esempio e investirà i tuoi soldi in quel particolare valore, seguito da una cancellazione di tutti gli ordini aggiuntivi.

Quando un broker ti fornisce una stima del prezzo di un determinato titolo o prodotto, viene considerato un preventivo. Un preventivo non è mai del tutto esatto e di solito viene chiamato prezzo spot, poiché il valore di un titolo può cambiare in pochi secondi. Tuttavia, è accurato come ci si può aspettare. Quando si effettua un ordine, il broker elabora quindi l'esecuzione o la risoluzione di tale ordine. Il valore effettivo al quale viene completata l'operazione viene chiamato prezzo di esecuzione. Il completamento di un'operazione o di un acquisto, chiamato regolamento, può anche essere chiamato esecuzione di una transazione o completamento di un ordine. Come puoi vedere, ci sono molti termini da tenere a mente e non abbiamo nemmeno iniziato a considerare i termini utilizzati in alcune delle aree più difficili del mercato.

Successivamente, prenderemo in considerazione alcune opzioni di trading specializzate e più complesse che è possibile utilizzare nel Forex per trarre vantaggio dalla volatilità del mercato e dalla costante variazione dei tassi di cambio.

# Capitolo 10: Opzioni di trading per esperti

Dopo aver trascorso molto tempo a comprare e ad operare sia a livello nazionale che all'estero, scoprirai che il processo diventa più semplice e quasi intuitivo. Non è più necessario lavorare sodo per determinare la conversione di valuta o trovare il prossimo grande prodotto esplosivo. Sarà come una seconda natura per te.

Quindi qual è la prossima grande sfida per qualcuno che opera nel mercato aperto? Cosa impedisce alle cose di diventare monotone e noiose? Prima di tutto, c'è sempre qualcosa di nuovo e diverso nel mercato dei cambi. Ricorda, funziona 24 ore al giorno e non sai mai cosa troverai quando ti svegli al mattino. Tuttavia, ci sono diversi modi per sfruttare la variazione nella conversione di valuta e il ritardo tra i mercati che possono influenzare i valori di negoziazione.

## Arbitrato

Ci sono alcune materie prime che sono scambiate in più valute su più mercati Forex. Nonostante il fatto che i computer abbiano reso la comunicazione a livello globale quasi veloce come un lampo in questi giorni, tutti questi mercati possono operare insieme a valori abbastanza equivalenti per valori condivisi tra valute diverse.

Tuttavia, il sistema non è perfetto e il valore può aumentare o diminuire in un paese e in una valuta prima che la stessa variazione di valore attraversi un altro confine. I trader esperti hanno imparato a trarre vantaggio da questo ritardo nella tendenza del mercato utilizzando un processo chiamato arbitraggio. In questa transazione, si acquista il particolare titolo o titolo sul mercato con il prezzo più basso vendendolo contemporaneamente in un mercato in cui il titolo è più elevato. Il processo è un po'complesso, quindi useremo un esempio. Diciamo che un dollaro USA equivale a 0,5 sterline, il che significa che tutto sarà due volte più costoso in sterline.

Ora diamo un'occhiata al prezzo di un'azione quotata su entrambi i mercati. Se fossero equivalenti, le azioni verrebbero scambiate per due dollari negli Stati Uniti e una sterlina in Gran Bretagna. Tuttavia, se succede qualcosa e il valore delle azioni scende in Gran Bretagna, è sei ore avanti rispetto agli Stati Uniti e questo calo potrebbe non influenzare immediatamente il mercato statunitense.

Se il valore delle azioni scende in Gran Bretagna a £ 0,8, il prezzo di acquisto è ora inferiore al prezzo in dollari a causa della conversione di valuta. In questo caso, l'arbitrato si verificherebbe quando le azioni vengono acquistate sul mercato britannico in sterline e vendute sul mercato americano in dollari, beneficiando della lenta comunicazione della caduta del valore delle azioni. In effetti, guadagnerai $ .40 per azione.

## Volatilità di conversione valutaria

Un altro modo per trarre vantaggio dal valore variabile di ogni singola valuta è quello di operare sulla base dei tassi di cambio. Che cosa è esattamente? Dovresti guardare attentamente i cambiamenti dei tassi di conversione. Quando un tasso di conversione di valuta cambia drasticamente, è tempo di fare un cambiamento. Questo è molto simile all'arbitraggio, ma l'area è molto più rischiosa a causa dell'alta volatilità. Ad esempio, se hai acquistato una quota nello scenario sopra per due dollari per azione e improvvisamente la sterlina guadagna valore, scendendo a una conversione di solo mezzo chilo per ogni due dollari, vorresti

vendere le tue azioni nel mercato britannico perché il valore di una sterlina è più alto e ora ha più potere d'acquisto.

Un consiglio da tenere a mente, tuttavia, è che è meglio disporre immediatamente di tutte le attività liquide in valuta estera, di solito lo stesso giorno. Questo si chiama domani perché ci vogliono dai due ai tre giorni lavorativi per la consegna della valuta estera, e scambiando la valuta con il valore delle azioni nello stesso giorno lavorativo, eviti di ricevere la consegna della valuta. Nel suo insieme.

# Capitolo 11: Altre opzioni di trading

Oltre alle opzioni di esperti descritte sopra, ci sono altri modi non tradizionali per fare soldi sul mercato azionario. Tuttavia, quando si considerano queste opzioni, si dovrebbe considerare di perseguire una carriera nel trading azionario.

Alcuni tipi di operazioni non sono semplicemente per i deboli di cuore, e ciò significa che devi avere una motivazione completa e uno spirito avventuroso per partecipare a queste aree del mercato. Le possibilità di subire un colpo da gigante e subire grandi perdite si moltiplicano.

## Giorno di negoziazione

Gli operatori quotidiani si assumono alcuni dei maggiori rischi sul mercato. Poiché i day trader lavorano con investimenti che cambiano radicalmente nel giro di poche ore, stanno naturalmente giocando nella tana del leone. Questi titoli sono estremamente volatili e per la maggior parte il trading giornaliero è un modo rapido per perdere una grande quantità di denaro. È difficile guadagnare una grande quantità di denaro in questo modo, ed è ancora più difficile prevedere il risultato di queste stock option di negoziazione giornaliere. Non puoi essere sicuro della posizione durante la notte (il valore netto che un agente di borsa o un operatore di borsa aprirà la mattina successiva).

E nel Forex, c'è poco spazio per il trading giornaliero, poiché il mercato non si chiude mai durante la settimana lavorativa. In questi casi, l'operatore diurno deve fissare un limite di tempo per uscire, vendendo tutte le azioni, in modo da poter dormire sonni tranquilli mentre il mondo gira e ricomincia il giorno successivo.

Il day trading è molto pericoloso e non è raccomandato ai nuovi arrivati. In realtà, non è affatto raccomandato, e la maggior parte delle persone che partecipano a questa parte volatile del settore sono molto esperte nel trading sul mercato aperto, non considerano i fattori di rischio abbastanza attentamente prima di entrare in questo ramo del mercato, o hanno abbastanza soldi da voler semplicemente provare questa forma di investimento e non gli importa se perdono una buona somma.

**Mercati secondari**

I mercati secondari sono interessanti perché creati dal governo per aiutare a ridistribuire il denaro utilizzato per i prestiti. Fannie Maee

Freddie Mac sono due delle principali società da cui vengono acquistate azioni in un mercato secondario.

Funziona così. Quando una persona acquista una casa, chiedono un prestito dalla banca, di solito per l'ottanta per cento del costo della casa. Questo è concesso e la casa viene acquistata dalla banca per l'individuo o la famiglia, che inizia a pagare il prestito alla banca.

Nel frattempo, per garantire che il denaro sia disponibile presso quella banca per la prossima persona che ha bisogno di un mutuo per la casa, Fannie Mae o Freddie Mac, due entità originariamente stabilite dal governo degli Stati Uniti, compreranno il prestito bancario. Pertanto, il denaro viene restituito alla banca per uso futuro.

Cosa stanno facendo queste agenzie con il deficit che hanno acquisito? Lo stanno vendendo. Nel mercato secondario, dividono il prestito in azioni garantite dall'ipoteca stessa e vendono tali azioni, recuperando denaro dagli investitori. Alla fine, quei titoli maturano, probabilmente nello stesso momento in cui il prestito originale viene pagato alla banca e gli investitori raccolgono i benefici del loro investimento con gli interessi guadagnati.

Un altro modo per sfruttare la volatilità del mercato azionario internazionale è fare uno scambio. È lo scambio di titoli o obbligazioni al fine di trarre vantaggio dai tassi di interesse più bassi. Ad esempio, se un'entità commerciale in Gran Bretagna è in possesso di un valore e un'altra in Giappone è in possesso di un valore diverso, le due materie prime possono essere scambiate o vendute tra loro al fine di risparmiare sui tassi di interessese l'obbligazione o il titolo attualmente detenuto è detenuto a un tasso di interesse inferiore nel mercato opposto.

Ad esempio, supponiamo che una società sia in possesso di un'obbligazione "A" che paga solo il due percento di interessi nel suo mercato attuale e un'altra che detiene obbligazioni "B" nel suo mercato a un interesse del tre percento.

Se Bond A sta effettivamente pagando il tre percento sul mercato estero e Bond B può essere incassato per il quattro percento sul primo mercato, entrambe le parti possono guadagnare più denaro in uno scambio di obbligazioni. Possono beneficiare reciprocamente di una vendita reciproca dei titoli a causa di un guadagno di maggiore interesse.

Se questo sembra confuso, forse non ci sarà uno scambio nel tuo prossimo futuro. Questo viene elaborato più spesso tra le società del mercato estero che tra le singole parti, anche se con il broker corretto potrebbe essere realizzato. Tuttavia, se lavori sull'affare, devi sapere poco tranne che stai cercando un margine di profitto più alto di prima e il tuo broker si occuperà del resto.

Se stabilisci che dovresti avere stock option come azienda, probabilmente deciderai di assumere un consulente a tempo pieno per tutte le tue esigenze finanziarie, inclusa la gestione delle tue azioni. In effetti, quando le aziende sono abbastanza grandi e hanno una presenza commerciale abbastanza forte nel mercato, specialmente nel Forex, scoprirai che ci sono interi dipartimenti dedicati al mantenimento delle stock options.

# Capitolo 12: In revisione

Dopo aver spinto tonnellate di informazioni e aver assimilato tanta conoscenza, probabilmente ti senti come se stessi nuotando nella terminologia e non riesci a ricordare da dove cominciare. Il modo migliore per conservare la conoscenza è attraverso la ripetizione e avere una guida di riferimento rapida non è neanche una cattiva idea. Le pagine seguenti sono un breve riassunto delle discussioni approfondite in questo libro, che consente di fare rapidamente riferimento a un argomento in una rilegatura.

**Commercio di base**

Un'azione è una partecipazione in una società il cui valore varia a seconda del desiderio o della necessità dei beni o servizi di quella particolare società. Come azionista, il tuo patrimonio netto aumenta e diminuisce assumendo una posizione corta (vendita) quando le azioni sono alte e una posizione lunga (acquisto) quando i prezzi sono bassi. Mentre le azioni o il valore sono in vostro possesso, la variazione di valore è considerata un utile o una perdita non realizzati perché non può essere misurata in attività liquide (liquidità).

Quando la maggior parte delle materie prime scambiate sul mercato ha un forte trend rialzista per un periodo di tempo, questo viene chiamato mercato rialzista. Nel caso in cui il titolo subisca una forte tendenza al ribasso e continui su quella strada, viene chiamato mercato ribassista. Se tale tendenza non viene riconosciuta e il valore delle azioni e dei valori è abbastanza uniforme, questo viene definito piatto.

## Il mercato valutario

Il mercato dei cambi è la borsa in cui diversi paesi di diversi fusi orari scambiano le loro materie prime nazionali e internazionali in varie valute. La valuta è la denominazione o divisione divisa utilizzata in un determinato campo (come il dollaro USA o l'euro). Quando vengono utilizzate più valute, in genere sono espresse come un rapporto chiamato cross rate che mostra l'ammontare di una seconda valuta equivalente alla prima elencata. Determinare quale sia l'equivalente è noto come conversione di valuta.

Diversi paesi in Europa, che ora hanno consolidato le loro valute per accettare di negoziare l'euro (dal 1999) in Forex, come viene chiamato in breve. La Gran Bretagna, che finora ha scelto di continuare a utilizzare la sterlina inglese, è coinvolta anche nel commercio internazionale, così come gli Stati Uniti, il Giappone e l'Australia. Ognuno di questi paesi utilizza la propria valuta per scopi commerciali standard, con opzioni di investimento in valute estere. Determinare se questo vale o meno dipende dal tasso di conversione della valuta.

Il valore della valuta di una nazione è determinato dal suo governo e dalla sua banca federale (la Federal Reserve, meglio conosciuta come la FED, è la banca federale degli Stati Uniti). La variazione intenzionale del tasso di conversione da parte di un governo è nota come valutazione: la svalutazione sta prendendo valore e forza dalla valuta e la rivalutazione aggiunge forza e potere d'acquisto alla valuta.

Se la stessa variazione del tasso di conversione si verifica naturalmente attraverso eventi e volatilità del mercato, allora si parla di apprezzamento e deprezzamento.

## Carriere nel mercato

Senza l'aiuto di professionisti, è quasi impossibile operare sul mercato aperto. Gli analisti di mercato tengono traccia delle tendenze del mercato azionario che incidono sul valore delle partecipazioni azionarie. Usano tali informazioni e quella storia di base per aiutare a prevedere il risultato di diversi aspetti del mercato in futuro.

Altri individui, noti come grafici, creano diagrammi e grafici che interpretano tutti i dati - vari numeri, statistiche, percentuali, ecc. - in un grafico a candele di facile lettura che traccia le tendenze per prodotti specifici sul mercato.

Un agente di cambio è un individuo o una società che ti aiuta a fare i tuoi investimenti. Un agente di cambio può aiutarti a prendere decisioni finanziarie intelligenti, a monitorare e effettuare i tuoi ordini e a seguire le tendenze del mercato.

Un market maker svolge lo stesso ruolo di un agente di borsa, ad eccezione del fatto che questa persona o società detiene un investimento in una particolare varietà di titoli e obbligazioni che possono essere venduti allo scoperto a un cliente a un prezzo inferiore in modo che il cliente può guadagnare denaro vendendo immediatamente le stesse azioni al prezzo di mercato più elevato.

Altre persone possono aiutare con prestiti, permettendoti di acquistare a margine. Ciò comporta l'approccio opposto: prendere in prestito denaro per acquistare azioni o titoli che hanno un basso valore di mercato, in modo che il cliente possa quindi rivendere la merce a un prezzo più elevato.

## Proteggi i tuoi investimenti

Esistono diversi modi per proteggere i tuoi investimenti. Effettuando ordini limitati, garantisci nel migliore dei modi che non perderai denaro sul mercato e praticamente garantirai almeno un profitto minimo. Tuttavia, se cambi idea su tali limiti, puoi sempre effettuare un ordine di soggiorno. Se lasci istruzioni permanenti con il tuo broker, vengono chiamati ordini aperti che rimangono aperti fino a quando la transazione non viene eseguita e l'ordine viene eseguito.

Prova a impostare i tuoi ordini limite appena sopra i livelli di supporto (i livelli di valore più bassi che uno stock può raggiungere) e appena sotto il livello di resistenza (il livello superiore sopra il quale è difficile per il valore di un'azione sale).

Inoltre, imposta una data valuta - una data in cui puoi prendere una media del valore di un determinato prodotto e rivedere le tue opzioni. Questo dovrebbe essere rivisto almeno ogni sei mesi, se si prevede di mantenere qualsiasi partecipazione di un determinato titolo.

# Capitolo 13: Un'opzione finale

Sebbene il "capitolo 13" non sia un modo appropriato per porre fine a uno sforzo finanziario, è, in questo caso, una delle conclusioni più importanti di uno strumento incredibilmente utile pieno di consigli sugli investimenti, soprattutto se posto alla fine di un libro a offrire assistenza a coloro che sono minacciati di fallimento a causa di decisioni di investimento scadenti. Ci sono sempre modi per girarti quando hai iniziato a camminare nel modo sbagliato. Proprio come andare avanti con una macchina nuova dopo aver comprato un limone che non è stato altro che un incubo, puoi invertire la direzione.

Alcune persone possono trascorrere giorni, mesi e persino anni cercando di conquistare il mercato azionario e ancora fallire. In alcuni casi, è praticamente impossibile per un individuo padroneggiare la funzionalità del mercato. Se non riesci a seguire le tendenze del mercato, è meglio non prendere alcuna decisione di investimento.

Va bene non inserirsi nel mercato. Allo stesso tempo, puoi ancora fare soldi con gli investimenti. Un'ultima opzione è quella di creare un account discrezionale. Ciò significa che si firma un contratto con il proprio broker e si consegna una somma di denaro all'agente per l'investimento, lasciando la determinazione del collocamento di tale investimento nelle mani del proprio agente. Non dovrai mai più preoccuparti di aver fatto un cattivo investimento. Infatti, in questo scenario, non è nemmeno necessario seguire le tendenze del mercato o altre informazioni relative agli investimenti finanziari. Il tuo broker ti farà semplicemente sapere quando il tuo patrimonio netto è aumentato o se le tue risorse sono crollate.

Qualunque sia la tua scelta in merito al trasferimento nel mercato azionario, non devi preoccuparti di non avere le informazioni essenziali per aiutarti a superare le tue prime esperienze di trading. Ora hai le conoscenze di base e la guida di riferimento essenziale per iniziare il percorso verso il successo e la ricchezza a cui puoi accedere in qualsiasi momento.

Visita la nostra pagina degli autori su Amazon! E ottenere più libri di MENTES LIBRES!

https://www.amazon.it/MENTES-LIBRES/e/B08274DDV4?ref_=dbs_p_ebk_r00_abau_000000

Se lo desiderate, potete lasciare il vostro commento su questo libro cliccando sul seguente link in modo che possiamo continuare a crescere! Grazie mille per il vostro acquisto!

https://www.amazon.it/dp/B089N6C4V5

www.ingramcontent.com/pod-product-compliance
Lightning Source LLC
Chambersburg PA
CBHW050243220526
**45465CB00002B/527**